L'ART DE TRAVAILLER

LES

PIERRES PRÉCIEUSES

A L'USAGE

DE L'HORLOGERIE ET DE L'OPTIQUE,

ENSEIGNÉ EN DIX LEÇONS;

ouvrage entièrement neuf, et le premier qui ait paru sur ce sujet

Par N. DUMONTIER,

PROFESSEUR DE MÉCANIQUE.

Prix : 5 francs.

PARIS

CHEZ DENTU, LIBRAIRE, AU PALAIS ROYAL.

1845.

Versailles. — Imp. de Montalant-Bougleux.

L'ART DE TRAVAILLER
LES
PIERRES PRÉCIEUSES

A L'USAGE

DE L'HORLOGERIE ET DE L'OPTIQUE,

ENSEIGNÉ EN DIX LEÇONS;

ouvrage entièrement neuf, et le premier qui ait paru sur ce sujet;

Par N. DUMONTIER,

PROFESSEUR DE MÉCANIQUE.

Prix : 5 francs.

PARIS,
CHEZ DENTU, LIBRAIRE, AU PALAIS ROYAL.

1843
1844

Le dépôt des Exemplaires voulus ayant été fait conformément aux décrets des 19 juillet 1793 et 5 février 1810, les Exemplaires non revêtus de la signature de l'auteur seront réputés contrefaits, et tout Contrefacteur ou débitant de contrefaçons de cet ouvrage sera poursuivi suivant la rigueur des lois. Quiconque se permettrait de publier tout ou partie de cet ouvrage dans un livre quelconque, serait également poursuivi comme Contrefacteur, selon les lois précitées.

VERSAILLES. — IMPRIMERIE DE MONTALANT-BOUGLEUX.

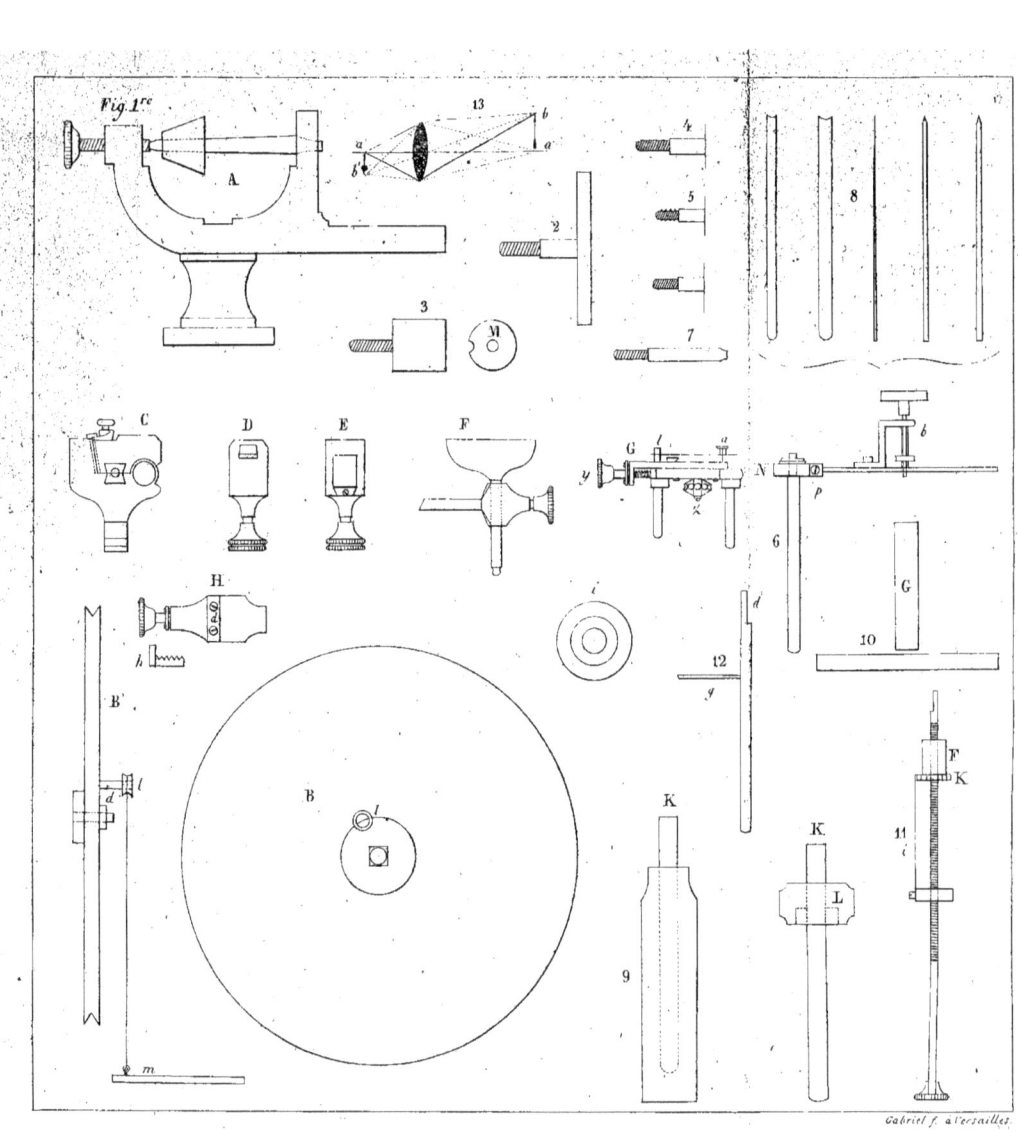

EXPLICATION DES FIGURES.

Fig. 1.re A, le tour vu de profil.
B, la roue du tour vue de face.
B′, la même roue vue de profil : d, l'axe de la roue; l, la manivelle; m, la pédale.
D, le coulant du support vu de profil.
E, le même coulant vu de face.
G, le chariot vu de face.
H, la coulisse du chariot. C'est contre la pièce d de la coulisse qu'on fait glisser le coulisseau h pour percer les pierres, et c'est avec les deux vis y et z qu'on les centre. On peut coller plusieurs pierres sur le coulisseau et les centrer au fur et à mesure qu'on les perce. l, pièce ajustée sur la coulisse; on la met en place pour entailler les petits cylindres ou rouleaux des échappements Duplex; la vis a sert à les placer horizontalement sous la fraise.

Fig. 2. Grande meule.
Fig. 3. Barillet; M, couvercle du barillet.
Fig. 4. Fraise en acier pour couper les pierres.
Fig. 5. Petite fraise qui sert à polir les tranches des tuiles pour les échappements à cylindre. C'est avec une fraise semblable, mais plus petite et en acier que l'on entaille les rouleaux des échappements Duplex.
Fig. 6. Outil qui sert à polir les cylindres; il se met à la place du support du tour, il a un mouvement horizontal par le moyen de la pièce N, qui est retenue par une rondelle et une goupille, et un autre mouvement au point p. A cet endroit la pièce N a deux petits bras entre lesquels la pièce qui porte la meule n.° 6 est serrée par deux vis, de sorte qu'on peut l'élever à volonté selon la grosseur du cylindre que l'on veut polir; on met un archet sur le cuivreau de l'axe b, et on obtient par ce moyen trois mouvements combinés de manière à croiser les traits en tous sens.

Fig. 7. Tasseau servant à mettre en cire différentes pièces pour les travailler.

Fig. 8. Bassins, culs-de-poule, cônes et broches qui servent à polir les trous et les lentilles.

Fig. 9. Mortier qui sert à piler le diamant; K le pilon; L l'anneau ajusté sur le mortier afin que la poudre de diamant ne se perde pas; on place dans le fond de cet anneau un morceau de baudruche; *i* le même anneau vu de face.

Fig. 10. Plaque en acier trempé servant à broyer la poudre de diamant; G la masse.

Fig. 11. C'est sur cet outil que l'on met en cire les tuiles des échappements à cylindre, et les repos demi-cylindriques pour les entailler; c'est avec le même outil que l'on façonne les pierres plates; l'extrémité de cet outil au-dessus de la partie F se monte à vis et se change à volonté, selon l'usage qu'on doit en faire. K est une roue divisée en trente-six dents; *i* est une aiguille ou alidade qui presse assez fortement contre le vide des dents de la roue K. Si on veut faire une pierre triangulaire, on fait passer douze dents sous l'alidade.

Fig. 12. Cet outil se met à la place du support du tour; c'est contre l'angle de la partie *d* que l'on appuie la partie F de l'outil (*fig.* 11) pour user les pierres, leur donner la forme qu'elles doivent avoir et les polir. Le bras *g* sert à approcher ou à éloigner de la meule l'outil figure 11.

AVANT-PROPOS.

L'horloger qui veut fabriquer de bonnes montres, doit s'astreindre à diverses conditions très importantes, indiquées par les lois de la mécanique et de la physique, et qui consistent 1.° à choisir certains métaux qui assurent aux pièces d'une montre la plus grande solidité possible ; 2.º à donner à chaque pièce la forme précise qui lui convient ; 3.º à conserver entre les diverses parties certains rapports de dimensions ; 4.º à donner à la main-d'œuvre la plus grande perfection possible.

Mais ces conditions ne sont pas les seules ; il en est une autre sans laquelle une montre ne conserverait pas longtemps la régularité de marche qu'on serait parvenu à lui donner après beaucoup de peine.

Les pivots, dans leur mouvement continuel de rotation, éprouvent une usure rapide dont les effets se font bientôt sentir, l'emploi des pierres précieuses a permis d'atténuer cette usure ; mais on n'est pas encore parvenu à retirer de ces substances toute l'utilité qu'on peut en attendre.

Ces pierres ont en effet une dureté fort différente suivant la direction dans laquelle on les perce, et elles sont aussi susceptibles d'un degré de poli qui varie considérablement avec cette direction.

Jusqu'ici, dans l'emploi qu'on en a fait, on n'a pas eu égard à cette circonstance importante, et on peut affirmer qu'on n'a pas d'autre guide que le hasard.

L'ouvrage que nous publions a pour objet principal de faire connaître un procédé très simple dans la pratique et certain dans les résultats, à l'aide duquel on pourra tailler les pierres précieuses et les polir dans le sens qui est le plus favorable. Ce procédé nous a été suggéré par la lecture d'une notice scientifique de M. Arago, relative à la lumière polarisée. Nous avons, en outre, exposé les perfecionnements qu'une longue pratique nous a indiqués dans l'art de travailler les pierres précieuses, ainsi que les outils dont nous faisions usage, et la manière de se servir de ces outils.

L'ART DE TRAVAILLER

LES

PIERRES PRÉCIEUSES

A L'USAGE

DE L'HORLOGERIE.

Dans l'état de perfection où se trouve maintenant l'horlogerie, l'art de travailler les pierres précieuses est devenu une branche très importante de cette industrie : cela tient à l'emploi qu'on en fait dans les montres de bonne qualité, et particulièrement dans les instruments de précision, afin d'obvier aux écarts produits par l'usure, de réduire et de régulariser les frottements.

Quoique cette industrie soit presque demeurée secrète, on sait néanmoins que c'est avec le diamant pilé et mis en poudre que les pierres précieuses sont mises en œuvre et qu'elles se polissent; mais jusqu'à ce jour les pierristes ont fait mystère des moyens qu'ils emploient pour tailler, tourner, percer et polir ces cristaux ; et très souvent les horlogers se trouvent dans un grand embarras lorsqu'ils ont à remplacer une pierre cassée ou confectionnée par un ouvrier inhabile : cependant ils exécutent journellement des ouvrages qui exigent au moins autant d'adresse que celle que l'on doit avoir pour travailler les pierres précieuses.

Nous pensons donc qu'en publiant les procédés que nous mettons en pratique pour ce genre de travail, les horlogers seront en très peu de temps capables de faire, sans le secours d'aucun professeur, toutes sortes de pièces en pierres précieuses, quelques figures qu'ils veuillent leur donner.

En général, les horlogers croient que les outils dont on fait usage pour travailler les pierres précieuses ne peuvent servir à autre chose, et c'est souvent la crainte d'une dépense considérable en outils ou en frais d'apprentissage qui est cause que cette profession se trouve encore aujourd'hui exercée par un très petit nombre d'artistes. Cependant un tour quelconque peut servir, pourvu qu'il soit garni d'une poupée à tourner en l'air [1].

Voici la désignation des outils nécessaires pour travailler les pierres précieuses :

Un tour monté sur un établi, muni d'une roue à tourner au pied, représenté *fig. 1, pl. I*.

Deux meules en cuivre et une en étain de cinquante millimètres de diamètre et de trois millimètres environ d'épaisseur chacune, pour user, adoucir et polir les pierres précieuses, *fig. 2*.

Un barillet et six couvercles en laiton sur lesquels on met en cire les pierres percées, pour grandir les trous, les adoucir et les polir, *fig. 3*.

Une petite fraise en acier de douze milli-

---

[1] Presque tous les tours sont maintenant construits de cette manière.

mètres de diamètre, pour couper les pierres, *fig.* 4.

Deux petites fraises, l'une en cuivre, l'autre en étain, de douze millimètres de diamètre chacune, pour donner la forme convenable aux tranches des tuiles des échappements à cylindre; ces deux fraises sont tranchantes sur les bords, *fig.* 5.

Deux petites meules, l'une en cuivre, l'autre en étain, pour adoucir et polir les pierres cylindriques; ces meules se montent sur l'axe de l'outil, *fig.* 6.

Douze petits tasseaux sur lesquels on met en cire les pierres pour les percer, les tourner et les polir, *fig.* 7 [2].

Plusieurs broches et bassins servant à grandir, à adoucir et à polir les trous, les huilières et les lentilles ou culs-de-poule, *fig.* 8.

---

[1] Quelques pierristes clivent les pierres précieuses avec un petit ciseau en acier trempé. Cette opération n'est pas toujours la plus abréviative, parce que les pierres ne se cassent pas toujours dans le sens qu'on désire.

[2] Les meules, le barillet, les fraises et les tasseaux se montent à vis sur l'arbre de tour.

Un petit mortier avec son pilon en acier trempé, pour casser et réduire en poudre le diamant, *fig.* 9.

Une plaque et une masse en acier trempé, pour broyer la poudre de diamant, n.° 2, qui sert à percer les trous, *fig.* 10.

Nous expliquerons, au fur à mesure que l'occasion se présentera, l'usage de ces outils; nous ferons connaître la manière de préparer la poudre de diamant, et de monter les burins et les forets.

Avant de parler des moyens que nous mettons en pratique pour travailler les rubis, les saphirs et les chrysolithes, nous devons préalablement recommander d'étudier ces pierres avec la plus grande attention.

Le choix qu'on doit en faire est très important; on doit, avec le secours d'un microscope puissant, s'assurer qu'elles ne contiennent ni glace, ni fissure, ni bulle, ni crapaud; il faut également éviter les pierres laiteuses; les pierres les plus dures sont les meilleures; on les reconnaît à ce qu'elles sont jaspées et que les aiguilles de cristallisation semblent se croiser.

Nous avons fait plusieurs expériences sur la différence de dureté des pierres, et nous croyons pouvoir affirmer que le rubis tient le premier rang après le diamant. Viennent ensuite le saphir et la chrysolithe.

Nous ne ferons pas la nomenclature de toutes les pierres précieuses suivant leur ordre de dureté : on comprendra facilement que cela deviendrait inutile dans cet ouvrage ; c'est pourquoi nous ne parlerons que de celles que l'on emploie en horlogerie. Le choix du rubis est le plus difficile, parce qu'il s'en trouve de plusieurs espèces ; il ne faut employer que le rubis d'Orient [1]. Les rubis spinelles et les rubis balais sont à rejeter ; le dernier sur-tout à cause de son peu de dureté : on le reconnaîtra assez facilement ; car, outre qu'il a moins

---

[1] On a appliqué le nom de rubis à divers corps d'une couleur rouge ; les uns dans l'espèce du corindon, d'autres dans celle du spinelle, et d'autres dans celle de la topaze.

de pesanteur spécifique que le rubis oriental, il est d'un rouge de vinaigre ; il n'a pas de reflet laiteux. Le rubis oriental a ordinairement une teinte violette jointe à un aspect velouté, ce qui en altère un peu la transparence, au lieu que la couleur rouge du rubis spinelle est plus pure et a aussi plus de netteté. D'une autre part l'éclat du rubis oriental est plus vif ; il a un autre caractère pris parmi ceux qu'on nomme caractères physiques, et les artistes y attachent une grande importance : c'est, ainsi que nous l'avons déjà dit, celui qui se tire de sa dureté. On en estime à peu près le degré par le plus ou moins de résistance que la pierre oppose au frottement de la meule [1] dont on se sert pour le dégrossir. La dureté de la pierre précieuse est d'un très grand prix, par l'avantage qu'elle a de favoriser la beauté du poli et de le rendre moins susceptible d'altération.

---

[1] On peut employer cet autre moyen pour se rendre compte des différents degrés de dureté des pierres précieuses : celle qui, par le frottement, peut rayer les autres pierres sans en être rayée, est la plus dure.

Le rubis oriental a obtenu la prééminence sur le saphir, et celui-ci sur la chrysolithe; or, les pierres orientales qui appartiennent au corindon, contenant des proportions diverses d'oxide de fer, ne présentent pas toujours le même tissu à la lumière, et en se mêlant alternativement au rubis, au saphir, à la chrysolithe, etc., elles nous offrent des nuances qui parcourent presque tous les degrés du spectre solaire [1].

Ces proportions variées d'oxide de fer font quelquefois passer brusquement d'une teinte à l'autre le même individu, en sorte qu'on trouve dans ses différentes parties et séparément le jaune de la topaze, le bleu du saphir, ou cette dernière couleur et le rouge du rubis. Très souvent des teintes accessoires se fondent imperceptiblement dans la couleur principale dont elles modifient le ton. Ainsi, une

---

[1] On appelle ainsi l'image colorée que fait naître, sur une surface blanche, la lumière du soleil qui a passé à travers un prisme. Les couleurs dont elle est peinte sont successivement : le violet, l'indigo, le bleu, le vert, le jaune, l'oranger et le rouge.

teinte de bleu, en s'associant à un rouge très élevé et tirant un peu à l'obscur, donne le rouge de cochenille. Si, dans le même cas, la couleur dominante est le rouge vif, on a le rouge cramoisi; si la teinte additionnelle est le violet, le mélange sera le rouge de rose foncée ou le rouge de giroflée.

L'acide chromique, qui colore le spinelle, admet aussi les nuances accessoires du jaune et du bleu.

Souvent le rubis spinelle, d'une belle couleur rouge, peut être pris pour un rubis oriental; c'est pourquoi nous recommandons d'étudier avec la plus grande attention les pierres que l'on veut employer.

Les indications que nous venons de donner relativement aux pierres précieuses pourraient paraître superflues si l'on ne faisait pas attention qu'il s'agit d'exécuter avec la plus grande perfection des pièces dont les propriétés et la précision sont d'une haute importance pour l'exactitude de la marche et la durée des montres.

Nous allons maintenant indiquer l'appareil

dont nous faisons usage pour trouver l'axe de cristallisation des pierres qui doivent être percées, et de celles qui peuvent servir à faire des repos. Les artistes qui se serviront de ces procédés, apprécieront facilement tous les avantages qui en résultent.

Nous avons souvent entendu des pierristes, très habiles dans l'art de travailler les pierres précieuses, se plaindre que le rubis se perçait avec peine; qu'il se polissait difficilement; que les bords des trous s'égrisaient lorsqu'on arrondissait les angles, et enfin que l'on rencontrait très souvent des pierres qui n'étaient pas homogènes (ou également dures). Eh bien! tous ces inconvénients ne se seraient pas présentés si les trous eussent été percés dans l'axe de cristallisation de la pierre; mais aucun pierriste n'a, jusqu'à ce jour, conçu l'idée de percer le rubis dans ce sens; ordinairement lorsqu'on achète les pierres brutes, on les choisit de manière à en trouver dix ou douze dans un karat, et on recherche les plus petites et les plus plates, parce qu'elles donnent moins de besogne : il résulte de là qu'on les perce perpendiculairement à la surface la plus favorable qu'elles présentent naturellement, sans avoir égard à la contexture intime de la pierre, à la direction de son axe de cristallisation, et par suite aux différences de dureté qui se rapportent à cet axe même. Si l'on continue à régler le choix et le travail de cette manière, on retrouvera toujours les mêmes circonstances nuisibles que nous venons de signaler; mais il n'en sera plus ainsi, lorsqu'on recherchera avec soin la direction de l'axe de cristallisation pour percer la pierre suivant cette direction. Cette recherche se fera avec facilité avec l'appareil suivant. Cet appareil se compose de deux plaques de tourmaline taillées parallèlement à l'axe de cristallisation, et polies. On les enchâsse dans deux morceaux de liége, lesquels sont à leur tour enchâssés dans deux anneaux en laiton ayant une gorge à leur extérieur, puis on prend un morceau de fil de laiton de trois décimètres de longueur; on tourne les deux extrémités de ce fil autour de la gorge des deux anneaux contenant les tourmalines, en serrant le fil assez fortement pour que les anneaux ne puissent tourner qu'avec un frottement dur. Ensuite, prenant le fil de laiton dans le milieu de sa longueur entre les deux plaques de tourmaline, on le tournera autour d'un morceau de bois ou de fer rond de vingt-quatre ou trente centimètres de diamètre ; ce morceau de bois ou de fer est un mandrin sur lequel on fait faire un tour entier au fil de laiton, afin de lui donner la forme qu'il doit avoir pour tenir la pierre précieuse entre les deux plaques de tourmaline, afin que les deux plaques, en se croisant, puissent se trouver en face l'une de l'autre et former une espèce de pince. Si l'on regarde le ciel à travers les deux plaques de tourmaline, en général on le verra avec une teinte vert-jaunâtre qui dépend de la couleur même de la tourmaline. Dans cette position, si l'on fait tourner l'une des tourmalines sans toucher à l'autre, le ciel paraîtra plus ou moins éclatant. Supposons que la rotation se fasse dans le sens où la lumière du ciel va en diminuant, en faisant tourner très lentement la tourmaline, on atteindra facilement une position où le ciel cessera d'être visible, ou du moins ne le sera que très peu. On jugera de la qualité des tourmalines par le degré d'obscurité que l'on obtient dans cette expérience; la position que vous venons d'indiquer où l'extinction de la lumière est la plus grande possible est celle qui convient pour l'essai des pierres précieuses, et voici comment on dirige cet essai.

La pierre précieuse étant coupée suivant deux facettes perpendiculaires à la ligne qu'on suppose être l'axe de cristallisation [1], et étant polie sur ces deux facettes, on la place entre les plaques de tourmaline disposées pour éteindre le plus possible la lumière. Alors on recevra de nouveau la lumière du ciel à travers l'appareil, et, de plus, il y aura cette circonstance très remarquable, que l'on apercevra dans le champ de la vision des franges irisées.

Si ces franges irisées ont la forme circu-

---

[1] Nous parvenons très souvent à la première inspection à reconnaître l'axe de cristallisation. Cette connaissance s'acquiert assez promptement par la pratique.

laire, on en conclura que la pierre précieuse a été taillée perpendiculairement à l'axe de cristallisation; si ces franges ne sont pas circulaires, on placera un petit morceau de cire sous la pierre dans l'appareil, de manière à l'incliner sur les plaques de tourmaline d'une quantité qu'on fera varier jusqu'à ce que les franges paraissent circulaires et concentriques. On déterminera ainsi les plans suivant lesquels il faut tailler la pierre : ces plans seront parallèles à la facette que prend la cire en l'appuyant sur la tourmaline, lorsque les anneaux colorés apparaissent dans toute leur perfection. Si par ce moyen on n'apercevait pas les anneaux, on couperait la pierre perpendiculairement au plan déjà obtenu, et on l'essaierait de nouveau; si cet essai ne donnait pas de meilleur résultat, il faudrait renoncer à tailler cette pierre pour en faire des trous; mais elle ne serait pas perdue pour cela; elle pourrait servir à faire des levées ou des décrochements.

Les pierres, mises en œuvre par ce moyen, coûtent un peu plus cher, parce qu'elles doivent être plus grandes que celles de dix ou douze au karat; mais cette différence de prix de la pierre brute est presque nulle en raison de la facilité que l'on a de les percer et de les polir, et conséquemment du temps que l'on gagne en les travaillant ainsi. Si l'on peut se procurer des rubis en canon, ainsi qu'il s'en présente fréquemment de cette forme dans le commerce, il suffira de les couper perpendiculairement à l'axe du canon, et de les percer perpendiculairement à leur facette.

Lorsque l'on construit des instruments d'une certaine valeur, tels que les montres marines, les chronomètres portatifs, les pendules astronomiques, où l'on n'emploie ordinairement que six à huit trous, la différence dans le prix de revient des pierres ne doit certainement pas être prise en trop grande considération, à cause des résultats favorables que l'on obtient lorsque les pierres sont travaillées dans ce sens; mais pour les trous que l'on emploie dans les montres ordinaires ou communes, on les fait à si bas prix, que de tels soins ne seraient peut-être pas praticables. Dans ce cas on est forcé de les travailler de la manière la plus favorable à la figure qu'elles présentent, et avec la plus grande économie ; il est vrai qu'avec de mauvaises pierres les pivots s'usent très vite ; mais comme le plus souvent les acheteurs veulent avoir des montres à bon marché, les fabricants se trouvent forcés d'économiser sur chaque pièce qui compose la montre. Néanmoins on écrit pompeusement sur la cuvette : *Échappement à cylindre, quatre trous en joyaux;* comme s'il devait suffire qu'un trou soit en pierre pour être bon, etc.; il est donc très nécessaire, même dans les montres ordinaires ou communes, de n'employer que des pierres de bonne qualité.

Lors donc que l'on aura fait choix de bonnes pierres exemptes des défauts signalés, on en prendra un grand nombre, c'est-à-dire vingt ou trente, à peu près égales de hauteur; on les fixera avec de la gomme-laque sur une plaque bien dressée en cuivre ou en laiton, laquelle plaque devra être chauffée avec une petite lampe à esprit-de-vin, afin que la gomme puisse fondre et coller les pierres;

après quoi on présentera cette plaque garnie de pierres contre la meule n.º 1 [1]. Cette meule doit être en cuivre ; on aura préalablement incrusté sur elle, par le moyen d'une forte pression et avec une masse en acier trempé, le diamant que l'on aura réduit en poudre ; on se servira de cette meule en l'impreignant d'un peu d'eau.

Lorsque les pierres auront été dressées d'un côté, on chauffera la plaque pour les dégommer, on les savonnera et on les mettra dans une petite cassolette remplie d'esprit-de-vin ; on chauffera cette cassolette sur la lampe, afin de dissoudre la gomme qui est sur les pierres et de les nettoyer [2]. On fera la même opération à la plaque, on l'essuiera avec soin, on remettra les pierres en cire du côté où elles auront été dressées, puis on les présentera de nouveau à la meule afin

---

[1] Cette meule ne doit servir qu'à dégrossir.

[2] Toutes les fois que l'on dégommera les pierres d'un outil quelconque, il faudra les nettoyer de la même manière avant de les mettre en cire.

de les user d'une épaisseur convenable à l'emploi qu'on veut en faire. Lorsqu'elles seront de l'épaisseur qu'on désire leur donner, on pourra, après les avoir savonnées, les passer à l'esprit-de-vin, les essuyer sans les dégommer, les présenter à la meule n.° 2, qui doit être en laiton, et sur laquelle on aura fixé de la poudre de diamant n.° 3, par le moyen indiqué pour la meule n.° 1 [1]. Cette seconde opération servira à les adoucir. On peut, par ce moyen, dresser une grande quantité de pierres à la fois, et les avoir toutes d'égale épaisseur ; en employant ce procédé il ne faut pas plus de temps pour dresser vingt ou trente pierres que pour en dresser une seule lorsqu'on la tient avec le doigt. La pratique mettra l'artiste promptement à même d'apprécier la quantité de pression qu'il doit exercer sur la meule. Nous croyons devoir nous abstenir d'indiquer l'épaisseur que l'on

---

[1] Cette poudre doit être passée à l'huile de la manière que nous indiquerons lorsque nous parlerons de la préparation de la poudre de diamant.

doit donner aux pierres; cette épaisseur étant toujours en raison proportionnelle des platines, des ponts ou des bouchons dans lesquels elles doivent être serties. Cette épaisseur varie considérablement depuis la montre la plus petite jusqu'au régulateur le plus grand.

Les pierres étant ainsi préparées, on doit procéder au percement des trous.

Il y a deux manières de percer les trous : l'une se pratique avec la poudre, l'autre avec l'esquille de diamant.

Pour percer avec la poudre, on collera la pierre sur le coulisseau du support du tour avec de la cire à cacheter très fine, ou avec de la gomme laque, en chauffant le coulisseau avec la lampe à esprit-de-vin ; après quoi on percera un trou dans l'un des tasseaux de l'arbre du tour : on chassera dans ce trou un morceau d'acier trempé et revenu gris, on tournera l'extrémité de ce morceau d'acier (ce morceau d'acier doit servir de foret) de la longueur de deux pivots environ ; on fera attention à ce que cette partie soit un peu étranglée ; car, si le foret était également cylindrique, il pourrait se gripper dans le trou et casser la pierre. Le bout du foret doit être plat afin que la poudre de diamant puisse s'y fixer et s'y incruster.

Les choses étant ainsi disposées, on centrera la pierre par le moyen des deux vis de support du tour. Lorsque la pierre sera bien centrée en face du foret, on mettra sur le bout du foret un peu de poudre de diamant n.° 2, que l'on aura broyée convenablement; puis, mettant le foret en mouvement de rotation [1], et pressant contre le foret légèrement avec le doigt le coulisseau qui porte la pierre, et l'agitant continuellement parallèlement au foret, le trou se percera facilement. Pendant cette opération, qui dure de huit à quinze minutes, selon la profondeur et la grandeur du trou, il est nécessaire de remettre deux ou trois fois de la poudre de diamant au bout du foret; car, sans cette précaution, le trou se polirait et ne se percerait pas. Lorsque le trou est de la profondeur qu'il doit avoir, on dé-

---

[1] Par le moyen de la grande roue au pied.

colle la pierre et on la remet en cire sur un couvercle du barillet; on place la pierre sur le couvercle de manière que le trou tourne concentriquement; on creuse l'huilière avec un burin en diamant de forme convenable. Lorsque le trou est découvert, on regarde de nouveau s'il tourne concentriquement; dans le cas contraire on le recentre. A cet effet on se sert d'une broche conique en acier non trempé; on place le support du tour à six ou huit millimètres de distance de la pierre, un peu plus haut que le trou. On tient la petite lampe à esprit-de-vin sous le barillet, afin de chauffer et de ramollir la cire, puis on appuie légèrement la pointe de la broche contre le trou de la pierre et son prolongement contre le support du tour, et le trou se centre aisément. Un peu de pratique rend cette opération très facile. Si l'huilière ne tourne pas concentriquement au trou, on la retouche avec le burin en diamant jusqu'à ce qu'elle tourne rond.

Manière de percer à l'esquille ou foret en diamant.

Lorsque l'on a fait choix d'une bonne pierre, on la met en cire sur un tasseau, après quoi ou prend un burin en diamant très aigu, on met en mouvement de rotation le tasseau sur lequel la pierre est gommée, et on presse légèrement la pointe du burin contre la pierre, et son manche contre le support du tour ; par ce moyen le burin fait un point parfaitement concentrique.

Cette opération sert uniquement à centrer le point afin que l'esquille, qui sert de foret, ne tourne pas circulairement avec la pierre (car si ce point n'était pas bien centré le trou ne se percerait pas); il est de toute nécessité que le trou se trouve marqué concentriquement, mais il n'est pas nécessaire qu'il soit percé de part en part : sa profondeur est toujours en raison de son épaisseur. Le trou se trouvant marqué concentriquement par le moyen du burin, on fera choix d'un foret de grosseur proportionnelle au trou que l'on veut percer; il suffira de le mouiller avec un peu de salive, de le présenter au point marqué sur la pierre, et d'appuyer faiblement pour que le trou se perce. La pression que l'on doit exercer avec l'esquille ne pourra être bien appréciée que par la pratique. On comprend qu'il est toujours avantageux de percer une grande quantité de pierres avant de mener plus loin le reste du travail; car, ayant les outils et la main disposés à cet effet, on gagne beaucoup de temps. Lorsque les trous sont percés à l'esquille on peut tourner rond l'extérieur de la pierre, ensuite on la dégomme, et on la remet en cire sur un des couvercles du barillet de la manière indiquée plus haut; il faut toujours percer le trou d'un diamètre plus petit que celui du pivot auquel il doit servir : on le met de grandeur nécessaire et on l'adoucit avec la poudre de diamant n.° 3. A cet effet, on met en mouvement de rotation le barillet, et avec une broche en laiton que l'on imprègne de ladite poudre n.° 3, et que l'on introduit dans le trou en la tenant entre l'index et le pouce, afin de pouvoir lui communiquer un mouvement rectiligne de va-et-vient aussi précipité que possible pour bien croiser les traits. Comme cette petite broche est limée en forme conique, on doit éviter de la forcer dans le trou, parce que la pierre pourrait se casser en deux; il ne faut pas serrer trop fortement la broche; s'il arrivait qu'elle s'engageât dans le trou, il faudrait la laisser tourner librement entre les doigts, puis changer l'action de mouvement de la grande roue du tour, et alors la pierre tournant dans un sens contraire, il suffira de serrer la broche dans les doigts pour la retirer.

Lorsque le trou est bien adouci, on le nettoie proprement avec du bois pourri ou de la mie de pain, et on prend une autre petite broche en cuivre avec de la poudre n.° 4. Lorsque le trou paraît bien poli on le nettoie de nouveau, et avec une petite broche en étain et de la poudre n.° 5, on achève de lui donner le dernier poli (on appelle cette dernière opération brillanter le trou); alors avec de petits cônes en os, on abat les angles du trou [1]; il reste ordinairement assez de poudre de diamant dans le trou pour cela ; ensuite avec un petit arbre en cuivre dont un des bouts est tourné en forme demi-sphérique (ou cul-de-poule), on commence à adoucir l'huilière avec de la poudre de diamant n.° 3. Ce travail se fait en agitant l'arbre circulairement ; c'est ce que l'on appelle roder. Lorsque l'huilière est bien adoucie, il faut la nettoyer avec soin de la manière qui a été indiquée pour le trou ; ensuite, avec un arbre en étain de la même forme que celui en cuivre, on la polit avec la poudre n.° 4, et on finit de la polir avec la poudre n.° 5. Lorsque l'huilière se trouve bien polie, on prend une petite broche en bois de fusain que l'on coupe aussi fin que possible afin de pouvoir l'entrer dans le trou, et, avec ce qui reste de poudre de diamant, on le rode ainsi qu'on l'a fait avec la petite broche en étain pour marier les

---

[1] On peut arrondir les angles des trous avec une broche en étain, et ne faire cette opération que lorsque l'huilière est polie.

nouveaux angles [1] que l'on a faits avec les petits cônes en os; ensuite, prenant un petit arbre en cuivre en forme de cul-de-poule, mais d'un plus grand diamètre que celui qui a servi à polir l'huilière, on l'imprègne d'un peu de poudre de diamant n.° 5, afin d'abattre l'angle extérieur de l'huilière; il faut presser très légèrement sur la pierre en commençant cette opération, et ne pas roder, car les angles pourraient s'égriser. Ce travail terminé, on se sert d'un burin en diamant pour abattre l'angle extérieur de la pierre; ensuite, avec un petit arbre en cuivre dont un des bouts est creusé en forme de bassin, on polit l'angle extérieur en mettant dans le bassin un peu de poudre de diamant n.° 4, et en agitant légèrement le bassin sur la pierre. Cela fait, on polit la petite partie plane de la pierre avec une petite plaque en cuivre et la poudre n.° 4; on presse faiblement avec le doigt la plaque contre la pierre, en lui faisant décrire un mouvement circulaire. Lorsque la poudre ne mord plus,

---

[1] Marier les angles, c'est les arrondir.

on nettoie la pierre et on achève de polir avec une plaque en étain et la poudre n.° 5, de la même manière qu'avec la plaque en cuivre.

On peut aussi polir sur une glace cette partie plane de la pierre. Pour cela on dégomme la pierre, on la nettoie avec soin, on prend une glace parfaitement polie, on met dessus un peu de poudre de diamant n.° 5, et, avec une broche en bois de fusain assez aiguë pour qu'elle puisse entrer dans le trou de la pierre, on rode circulairement la pierre sur la glace ; elle se polit aisément et promptement : il faut exercer peu de pression en commençant cette opération. La pratique peut seule en faire apprécier le degré convenable. On estime que le poli est terminé lorsque l'on ne sent plus de grippement entre la pierre et la glace. On regarde la pierre pour s'assurer qu'il ne reste plus de trait, et que le poli est tel qu'on le désire ; après quoi on la remet en cire sur un tasseau du côté où on vient de la polir ; il faut avoir soin de la bien centrer sur le tasseau ; pour cela on se sert d'une broche en bois de fusain, dont on presse légèrement la pointe contre le trou de la pierre, et on appuie la broche sur le support du tour, afin que la pierre puisse tourner cóncentriquement à son trou ; ceci se pratique en plaçant la lampe à esprit-de-vin sous le tasseau, afin de pouvoir amollir la cire, ainsi qu'il a été dit plus haut. Lorsque l'on voit le trou tourné concentriquement, on retire la lampe pour laisser refroidir la cire ; après cela on tourne la pierre avec un burin en diamant pour lui donner la forme de cul-de-poule. Lorsque cette opération est terminée, on se sert d'une broche en laiton dont un des bouts est creusé en forme de bassin, et ayant la même figure que le cul-de-poule de la pierre ; on imprègne ce bassin de poudre de diamant n.º 3, on la présente à la pierre, et on rode circulairement en pressant très légèrement dans le commencement ; on augmente la pression au fur et à mesure que la poudre s'use. Lorsque l'on ne sent plus de grippement, on nettoie la pierre et le bassin, et on commence à polir avec la poudre n.º 4, de la même manière qu'avec la poudre n.º 3. Lorsque la poudre n.° 4 a cessé de mordre et qu'elle se trouve usée, on nettoie la pierre avec soin, et on se sert alors d'un bassin en étain ou en alliage (composé de deux parties d'étain et d'une partie de plomb), et ayant la même forme que le bassin en laiton. On rode de la même manière qu'il a été dit plus haut, jusqu'à ce que le cul-de-poule de la pierre soit entièrement poli; on emploie alors les petits cônes dont on s'est servi pour abattre et arrondir les angles du trou, et on emploie le bois de fusain pour marier les nouveaux angles. La pierre étant ainsi terminée, on s'assure que le trou est parfaitement poli, en se servant d'une loupe très puissante; on regarde avec soin si les angles sont bien arrondis, et, s'il ne se trouve aucun défaut dans le trou, alors on peut se disposer à sertir la pierre, soit dans une platine, dans un pont ou dans un bouchon. Dans l'un ou l'autre cas, la pièce dans laquelle on voudra la sertir, devra être mise en cire sur un tasseau, et le trou centré avec exactitude. On le creusera selon le diamètre et l'épaisseur de la pierre, on fera, avec un burin, rond par le bout, une petite gorge autour de la creusure; on ne laissera qu'un filet très mince entre la gorge et la creusure; la pierre devra entrer librement dans la creusure, mais sans jeu. La profondeur de la creusure devra être telle que la pierre se trouve un peu plus bas que la surface extérieure de la pièce, si le pivot doit porter contre une plaque ou coqueret; on comprend qu'il n'en est pas de même si le pivot n'a ni plaque ni coqueret, parce qu'alors ce sont les portées de l'axe ou du pignon qui doivent déterminer les ébats ou le jeu que doivent avoir ces pièces. Les pierres alors doivent être serties en conséquence.

Nous disions que les pierres devaient être placées un peu plus bas que la surface extérieure des pièces, là où il y avait des plaques ou des coquerets; c'est afin que l'huile que l'on met pour réduire les frottements puisse toujours se maintenir au bout des pivots.

La creusure étant faite convenablement, on aura soin de la nettoyer parfaitement; on mettra un peu d'huile dans le fond de la creusure, afin que le mouvement de rotation que l'on doit communiquer à la pièce quand on sertira la pierre, ne puisse pas la faire fuir. Pour plus de sûreté, on peut la maintenir avec un petit cône en bois de fusain, que l'on appuie contre le trou, et que l'on tient avec la main; on procède au sertissage de la pierre avec un petit brunissoir en acier trempé et parfaitement poli; on étend par la pression la petite portion de laiton qui forme un mince filet autour de la creusure, et, avec un burin en acier, on enlève (s'il s'en trouve en trop grande quantité) le laiton qui recouvre la pierre, de manière à ne laisser que ce qui est nécessaire pour que la pierre se trouve fixée solidement dans la creusure [1]; après cela on adoucit le laiton avec un morceau de bois de chanvre et du tripoli broyé avec de l'huile, et on le polit avec du rouge à polir l'or délayé dans de l'esprit-de-vin.

---

[1] La méthode à l'anglaise se pratique de la manière suivante : on ne fait point de gorge, on laisse autour de la creusure un petit filet en saillie que l'on rabat sur la pierre avec le brunissoir.

Nous croyons en avoir assez dit pour que l'artiste intelligent soit capable de faire les trous en pierres et de les sertir.

Manière de faire les Plaques ou Coquerets qui doivent servir de contre-pivots.

On choisit un diamant taillé en forme de rose [1], on creuse un tasseau de manière que le diamant puisse loger dans la creusure, on le fixe dans la creusure avec de la cire à cacheter ou avec de la gomme laque; ensuite, avec un burin en diamant, on tourne rond les angles du diamant afin de pouvoir le sertir dans une plaque en acier ou en laiton, et de la manière que nous avons indiquée pour sertir les trous en rubis. Si l'on veut faire des lentilles en rubis, en saphir ou en chrysolithe, pour servir de contre-pivots, il faut dégrossir la partie plane de la pierre sur la

---

[1] C'est ainsi que les diamantaires appellent un diamant taillé à facettes d'un côté et plane du côté opposé aux facettes; il est très nécessaire que la partie plane soit parfaitement polie.

meule n.° 1, l'adoucir sur la meule n.° 2, et la polir sur la meule n.° 3. On peut aussi polir cette partie plane sur une glace de la manière que nous avons indiquée ; ensuite on met la pierre en cire sur un tasseau, et la partie lenticulaire se travaille ainsi que nous l'avons déjà dit en parlant des pierres percées. On donne la courbure avec un burin en diamant. Cette opération terminée, on commence à polir avec un bassin en cuivre et la poudre n.° 4, on nettoie et on achève de polir avec un bassin en étain et la poudre n.° 5 ; on sertit de la même manière que les trous.

Manière de faire les pierres plates, c'est-à-dire les levées, les décrochements, etc.

On peut faire les pierres plates, soit sur la meule, soit en se servant de limes en acier non trempé, en cuivre et en étain : pour les façonner à la meule, on commence à les dégrossir sur la meule n.° 1, en les tenant avec le doigt afin de les dresser ; après cela on les met en cire sur l'outil, *fig.* 12, pour leur donner la forme qu'elles doivent avoir ; lorsqu'elles ont la figure convenable, on les nettoie, on les adoucit sur la meule n.° 2, et on les polit sur la meule n.° 3.

Pour faire les pierres plates à la main, il faut aussi leur donner, sur la meule à dégrossir n.° 1, la forme convenable; ensuite on les met en cire sur une branche en acier ou en laiton, afin de pouvoir les adoucir et les polir sur leurs différentes faces sans qu'il soit nécessaire de les dégommer; on les adoucit avec la lime en acier et la poudre n.° 3; on les nettoie et on commence à les polir avec la lime en cuivre et la poudre n.° 4; on finit le polissage avec la lime en étain et la poudre n.° 5; on abat les angles et on les arrondit avec la même lime. Il est de toute nécessité de bien dresser les limes.

On peut arrondir les angles avec la lime en cuivre et la poudre n.° 4 : le travail est plus prompt, mais on doit appuyer très légèrement, afin de ne pas les égriser.

La figure des pierres plates varie tellement, qu'on ne peut entrer dans aucun détail à ce sujet : il suffit de connaître la manière de les travailler pour leur donner à volonté la forme nécessaire aux fonctions qu'elles doivent exercer.

Manière de faire les repos demi-cylindriques.

Pour faire les repos demi-cylindriques, il faut d'abord donner sur la meule à dégrossir une forme à peu près cylindrique à la pierre, c'est-à-dire l'ébaucher de manière à pouvoir la tourner au burin en diamant. Lorsqu'elle est ainsi préparée, on perce un trou dans un tasseau, on met la pierre en cire dans le trou percé et on la tourne avec le burin en diamant. Lorsqu'elle est tournée également cylindrique, d'un diamètre et d'une longueur convenables à l'emploi qu'on doit en faire, on tourne le bout saillant de la pierre en forme lenticulaire (ou de cul-de-poule), on adoucit cette extrémité avec un petit bassin dans lequel on a mis un peu de poudre de diamant n.° 3, et on la polit avec la poudre de diamant n.° 4; ensuite, avec un autre petit bassin d'une courbure plus prononcée, on abat et l'on polit l'angle du cylindre. Ce qui reste de poudre de diamant sur la pierre suffit pour cette opération. Après cela, avec l'outil représenté *fig*. 6, la fraise en cuivre n.° 1 et la poudre de diamant n.° 3, on adoucit la partie cylindrique ; puis, avec la fraise en étain et la poudre de diamant n.° 4, on commence à polir. Lorsque la poudre de diamant n.° 4 ne mord plus, on emploie la poudre de diamant n.° 5 et on achève de polir ; ensuite on perce un trou dans un autre petit tasseau, ce trou doit être du diamètre du cylindre que l'on vient de polir ; on dégomme le cylindre du premier tasseau, et on le met en cire dans le second pour tourner la partie du cylindre qui était gommée dans le premier, et on procède de la même manière pour terminer le cylindre et le polir ; après cela on met la pierre en cire sur l'outil *fig*. 12, on calibre au micromètre et on voit quel est le diamètre de la pierre et de l'outil ; si la pierre avait, avant d'être mise dans l'outil, $16/48$ de diamètre, et si, après être mise en cire dans l'outil la pierre et l'outil ont ensemble $26/48$ de diamètre, on usera la pierre sur la meule n.° 1, on l'adoucira sur la meule n.° 2, et on la polira sur la meule n.° 3, de manière qu'il ne reste de la pierre et de l'outil que $^{18}/_{48}$ de diamètre, les $^{8}/_{48}$ qui restent de la pierre forment le repos.

On peut user la pierre et former le repos avec une lime en laiton et la poudre de diamant n.° 3; commencer à le polir avec une lime en cuivre et la poudre n.° 4, et achever de le polir avec une lime en étain et la poudre n.° 5. Cette manière de former le repos prend beaucoup plus de temps que la meule; nous avons cru néanmoins que nous ne pouvions nous dispenser de la mentionner.

Lorsque le repos est bien poli, on abat les angles avec la poudre de diamant n.° 5, en appuyant aussi légèrement que possible, pour ne pas les égriser.

Manière de faire les tuiles pour les échappements à cylindre.

On choisit un rubis dont la cristallisation soit parfaite; on forme deux plans parallèles et de hauteur convenable, c'est-à-dire, de la hauteur que la tuile doit avoir, plutôt un peu plus que moins; on met cette pierre sur un tasseau, on la centre, on la tourne extérieurement, on lui donne un peu plus de diamètre que l'intervalle ou le vide qui se trouve entre deux dents de la roue du cylindre. La pierre ainsi tournée, on perce le trou avec une esquille de diamant : ce trou doit être percé un peu plus petit que la longueur du plan incliné d'une des dents de la roue de cylindre, de sorte qu'après être adoucie et polie, la dent de la roue soit un peu libre dans le trou. Cette opération terminée, on met en cire le cylindre sur un petit pivot en acier chassé dans un tasseau; on le polit à l'extérieur de la manière qui a été indiquée pour les repos demi-cylindriques, et avec le même outil, de façon qu'il y ait un peu de liberté ou d'ébat entre le vide des deux dents de la roue de cylindre; on le dégomme alors et on le met en cire dans le trou d'un couvercle de barillet mis de grandeur. A cet effet, on le polit de la même manière que les trous qui doivent servir aux pivots, mais en ayant soin de prendre une broche beaucoup plus longue que celle dont on s'est servi pour les trous des pivots, afin qu'en polissant le trou, on puisse le conserver également cylindrique. A cet effet, on pourrait placer le support du tour à la hauteur du trou, et le reculer à une assez grande distance de la pierre. Le cylindre étant poli en dedans et en dehors, il faut, avant de l'ouvrir, le mettre de la hauteur qu'il doit avoir, soit en le tournant avec un burin en diamant ou en l'usant sur la meule n.° 2 ; il se trouve alors disposé à être ouvert.

Cette ouverture doit être de 175 degrés du cercle, de sorte qu'il restera 185 degrés du cylindre après qu'il aura été usé, c'est-à-dire 5 degrés de plus que la moitié ; ce qui donnera 2 degrés $1/2$ de repos à la dent de la roue de cylindre.

Cela fait, on dégommera la pierre et on la mettra en cire sur l'outil représenté *fig.* 12, afin de donner aux tranches ou lèvres les formes qu'elles doivent avoir. La tranche d'entrée doit être de forme demi-cylindrique, et la tranche de sortie doit être arrondie du dedans au dehors. Pour donner à ces tranches ou lèvres les formes convenables, ainsi qu'on vient de le dire, il n'est pas nécessaire d'employer la poudre de diamant n.° 3. Les tranches étant très minces, on se servira de la meule ou fraise n.° 1, et de la poudre de diamant n.° 4, et ensuite, avec la fraise en étain et la poudre de diamant n.° 5, on finira de les polir.

Manière de faire le petit Cylindre ou Repos de l'Échappement Duplex.

On doit, ainsi qu'il a été dit pour les tuiles, choisir un rubis très pur, le percer à l'esquille (si l'esquille n'est pas assez longue pour percer le trou de part en part, on le percera moitié d'un côté, moitié de l'autre côté de la pierre), le tourner rond après qu'il aura été percé, l'adoucir et le polir de la même manière et avec le même outil que l'on a employé pour polir les repos demi-circulaires.

L'entaille se fera avec une fraise, représentée *fig.* 5; cette fraise sera en acier très mince, et rivée sur un tasseau; le cylindre ou repos sera mis en cire sur l'outil H *fig.* 1.re, lequel outil glisse dans la coulisse fixée sur la plate-forme du support du tour; la fraise doit avoir un centimètre de diamètre.

Lorsque le repos ou cylindre est placé convenablement sous la fraise, on met sur la fraise un peu de poudre de diamant n.° 4, ensuite on communique à la fraise un mouvement de rotation aussi précipité que possible par le moyen de la grande roue du tour, et en poussant dans la coulisse l'outil sur lequel le repos est gommé, il s'entaille facilement en passant sous la fraise. La vis A, représentée sur l'outil H *fig.* 1.re, sert à régler la profondeur de l'entaille du repos.

On polit l'entaille avec une petite lime en cuivre de forme convenable et la poudre de diamant n.° 5; on arrondit les angles de l'entaille avec une petite lime en étain, de forme carrée, et la poudre n.° 5. Un des angles de la lime entre dans l'entaille de la pierre; les deux côtés de la lime arrondissent les angles en même temps. Ce travail exige un peu d'adresse et beaucoup de légèreté dans la main.

Manière de préparer la Poudre de Diamant.

On doit se procurer du diamant brut, c'est-à-dire, du diamant qui n'a pas été taillé.

A Paris, plusieurs marchands en vendent, notamment MM. Alphen, rue Richelieu, ; David jeune, rue Jean-Jacques-Rousseau, 12 ; Léon et W. Nathan, rue de Bondi, 62 ; madame V.ᵉ Chritin, rue Montmorency, 39, etc.

On peut également employer le diamant qui a déjà été taillé ; mais on estime qu'il est moins bon que le diamant brut, parce que ce dernier est plus dur, à cause qu'il a conservé sa croûte ; on en prépare ordinairement un karat à la fois. Le karat de diamant brut coûte de 24 à 30 francs. Ce prix varie très souvent, et selon les marchands auxquels on s'adresse.

Le diamant qui a une teinte noirâtre est le meilleur.

On doit choisir les morceaux aussi gros que

possible, de manière que quatre ou cinq morceaux donnent le poids d'un karat environ.

On obtient la poudre en pilant le diamant dans le petit mortier représenté *fig.* 9 ; mais, avant de procéder à cette opération, on introduit un des morceaux dans le mortier, on place dessus le pilon, et d'un coup de marteau frappé sec, on le casse; après quoi on ôte le pilon, et on regarde au bout qui a servi à casser le diamant : il arrive quelquefois qu'il s'y attache quelques parcelles ou esquilles de diamant; s'il s'en trouve, on les détache, ensuite on retourne le mortier et on verse les morceaux de diamant sur une feuille de papier noir bien lisse, on cherche parmi les plus gros morceaux s'il s'en trouve de forme convenable pour faire des burins; on les range pour les monter; on cherche également si, parmi les plus petits morceaux, il s'en trouve de forme favorable pour faire des forets, c'est-à-dire, d'un demi ou d'un tiers de millimètre environ de longueur, et triangulaires autant que possible : c'est ce que l'on appelle esquille ou aiguille de diamant. Si l'on ne trouve pas la quantité de burins et de forets que l'on désire avoir, on opère de la même manière sur le second morceau de diamant, et ainsi de suite jusqu'au dernier, afin d'avoir un nombre suffisant de burins et de forets. Cela terminé on remet tous les autres morceaux de diamant dans le mortier, et on commence à les piler en frappant avec un marteau sur la tête du pilon. Ce travail est assez long, il faut y employer deux heures et demie ou trois heures consécutives, en ayant soin de faire tourner le pilon de droite à gauche dans le mortier chaque fois que l'on aura frappé six ou huit coups de marteau. Sans cette précaution, le diamant s'enfoncerait dans le mortier, s'y gripperait et ne se réduirait pas en poudre. Lorsque l'on ne sentira plus de grippement en faisant tourner le pilon, le diamant sera au point convenable ; il ne restera plus qu'à le mêler avec de l'huile pour qu'il soit prêt à être employé : à cet effet, on prendra l'huile la plus limpide que l'on pourra se procurer ; l'huile d'olive épurée est la meilleure ; on en emplira un verre de montre grand et profond; on versera dans cette huile le diamant que l'on aura mis en poudre. Souvent une partie de la poudre reste fixée au fond du mortier ; on la détache en grattant avec une spatule en acier dont le bout a la forme du fond intérieur du mortier, et en frappant quelques coups de marteau sur les côtés et le fond extérieur. Lorsque l'on est bien assuré que toute la poudre est tombée dans le verre, on la mélange avec l'huile, et on la divise autant que possible en la pressant avec la spatule contre les parois du verre. Lorsque le mélange est fait, on laisse reposer pendant une heure, après quoi on décante, c'est-à-dire, on verse l'huile qui contient le diamant dans un second verre de montre et ayant soin de laisser dans le fond du premier verre les plus gros morceaux de diamant qui s'y sont précipités : on laisse reposer l'huile et le diamant que l'on a versés dans le second verre pendant quatre heures, puis on verse dans un troisième verre, prenant également attention pour ne pas verser le diamant qui s'est précipité dans le fond ;

on laisse reposer huit heures et on verse dans un quatrième verre ; on laisse reposer seize heures et on verse l'huile dans le cinquième verre ; alors on laisse reposer le tout pendant quelques jours. Lorsque toute la poudre est tombée dans le fond des verres et que l'huile est revenue parfaitement limpide, on la décante de chaque verre ; l'opération est terminée : on peut alors se servir de la poudre de la manière qui a été indiquée. Il ne faut pas négliger de numéroter les verres depuis un jusqu'à cinq, en commençant l'ordre des numéros par le premier verre dont on s'est servi. Si on ne veut pas prendre la peine de pulvériser le diamant, on peut l'acheter pilé chez les marchands dont j'ai donné les adresses ; mais je crois qu'il vaut mieux faire soi-même cette besogne.

Avant de mêler la poudre de diamant avec de l'huile, quelques pierristes la mêlent avec 15 grammes d'acide sulfurique et 15 grammes d'acide nitrique, et la laissent deux ou trois jours dans ces acides, afin que les particules d'acier qui se sont détachées du mortier et du pilon soient entièrement oxidées ; ensuite on ajoute une grande quantité d'eau aux acides, on mêle, on laisse reposer quelques jours. on décante ; après quoi on verse sur la poudre 60 grammes d'alcool rectifié, on mêle, on laisse reposer deux jours, on décante à nouveau, on sèche la poudre et on la prépare avec de l'huile. Cette opération est longue et je la crois sans nécessité.

Lorsque l'on veut donner un très beau poli aux pierres précieuses, on pile un karat de rubis de la même manière que l'on a pilé le diamant, on met la poudre dans de l'huile, on mêle bien et on laisse reposer trente heures, et on décante.

Il n'est pas nécessaire de faire plusieurs numéros. Lorsque l'huile est revenue très limpide, on la verse dans un autre verre, et on se sert de cette poudre ainsi préparée avec du bois de tilleul pour les trous, les huilières, etc.

Manière de monter les burins et les esquilles pour forets.

On perce un trou ou on fait une entaille

(à la lime) dans un morceau de fil de laiton selon la figure du morceau de diamant qui doit servir de burin; on chauffe à la lampe à esprit-de-vin le bout du fil de laiton sur lequel on met un peu de bonne cire à cacheter ou de gomme laque. Lorsque la gomme laque ou la cire commence à fondre, on place le diamant dans le trou ou dans l'entaille, et on laisse refroidir la cire. Le burin se trouve disposé à servir; l'esquille se monte ordinairement sur le bout d'une épingle à laquelle on donne un léger coup de lime sur la pointe; on marque avec un burin en acier un petit point au centre et on perce un trou de la grosseur de l'esquille. Ce trou doit avoir très peu de profondeur. On place alors l'épingle dans une pince à goupille de manière que le côté où le trou aura été marqué ne déborde que d'une ligne environ; on chauffe la pince à la lampe à esprit-de-vin, on met un peu de cire ou de gomme laque sur la pointe de l'épingle, et on place l'esquille dans le trou. Ce travail demande un peu d'adresse, mais la pratique le rend assez facile.

On emploie dans certains instruments d'optique des lentilles faites avec des pierres précieuses. Pour guider le fabricant dans la construction de ces lentilles, nous croyons devoir dire quelques mots de leurs propriétés générales.

Tout corps transparent terminé par des surfaces planes ou courbes qui, par les propriétés de la réfraction, lui donnent la faculté de faire converger les rayons lumineux ou leurs prolongements vers un même point, peut être appelé une lentille.

Ordinairement les surfaces des lentilles sont des portions de sphère ou de plan différemment combinées entre elles. On les divise en deux sections, celle des lentilles convergentes et celle des lentilles divergentes. Dans la première section se trouvent les lentilles biconvexe, plan-convexe, ménisque convergent. On les reconnaît facilement par cette propriété qu'elles ont de réunir sensiblement en un point les rayons du soleil; d'ailleurs leur épaisseur décroît depuis le centre de la lentille jusqu'aux bords. On remarquera que, dans le ménisque convergent, la courbure de la face convexe est plus forte que celle de la face concave. Dans la seconde section se trouvent les lentilles biconcave, plan-concave, ménisque divergent. Ces lentilles exposées aux rayons du soleil, au lieu de les faire converger, les font diverger; elles ont leur épaisseur croissante du centre vers les bords, et le ménisque divergent a sa face concave plus courbe que sa face convexe.

On appelle axe optique d'une lentille la droite menée par les centres de courbure de ses deux faces; lorsque l'une de celles-ci est plane, l'axe est la droite perpendiculaire à ce plan menée par le centre de courbure de l'autre face.

On appelle axe de figure d'une lentille la ligne qui joint les deux centres de figure de ses deux faces. Si cet axe coïncide avec l'axe optique, on dit que la lentille est centrée. On doit en général rejeter les lentilles qui ne sont pas centrées.

Tout rayon lumineux qui traverse une lentille en passant par l'axe optique, n'éprouve aucune déviation. Le calcul prouve qu'un rayon voisin de l'axe, peut, après avoir traversé la lentille, reprendre sa direction primitive. Pour cela, il faut que dans son trajet à travers la lentille, il passe par un point particulier qu'on appelle centre optique. Ce point est situé sur son axe, à des distances des faces qui sont en raison directe de leur rayon de courbure.

Soit l l'indice de réfraction de la substance de la lentille, rr' les rayons de courbure de ses deux faces, p et p' les distances d'un point lumineux situé sur l'axe et de son foyer à la lentille, on aura pour déterminer p' l'équation $\frac{1}{p'}+\frac{1}{p}=\frac{l-1}{r}+\frac{l-1}{r'}$; or, comme toutes les quantités qui composent le second membre sont connues pour une lentille donnée, nous pourrons le désigner par $\frac{1}{a'}$ de manière que l'équation se réduira à $\frac{1}{p'}+\frac{1}{p}=\frac{1}{a}$ et on voit que si on fait $p=a$, dans le cas d'un point lumineux infiniment éloigné on a $\frac{1}{p'} = \frac{1}{a}$ ou $p' = a$, donc a n'est autre chose que la distance focale principale.

Pour un foyer conjugué quelconque on aura $\frac{1}{p'} = \frac{1}{a} - \frac{1}{p}$, c'est la relation rapportée plus haut.

De l'équation ci-dessus on tire $p' = \frac{ap}{a-p}$; il faut remarquer que pour adapter cette expression aux différentes espèces de lentilles, il faudra calculer la valeur de a pour chacune d'elles, en donnant à r et r' des signes convenables. Bornons-nous à examiner la lentille biconvexe et la lentille biconcave. Dans le premier cas, r et r' conservent les signes qu'ils ont dans l'équation fondamentale, et comme l est toujours plus grand que l'unité, a sera positif; ce qui signifie que le foyer principal est du côté de l'axe opposé à celui où se trouve le point lumineux.

La formule $p' = \frac{ap}{p-a}$ nous fait voir qu'à mesure que la valeur de p, en diminuant, s'approche de celle de a, la valeur de p' augmente et devient infinie lorsque $p=a$ pour $p<a$ p' devient négatif; dans ce cas le foyer n'est que virtuel : les rayons, après avoir traversé la lentille, restent divergents. Dans le cas de la lentille biconcave, r et r' doivent être pris avec le signe négatif, a a donc aussi ce signe pour a', et pour déterminer la position du foyer l'on a $p' = -\dfrac{ap}{p+a}$; donc cette espèce de lentille ne donne jamais qu'un foyer virtuel, et en effet il est facile de voir par la forme même de la lentille qu'elle doit augmenter la divergence des rayons.

Les lentilles de la première section ont des propriétés analogues à celles que nous venons d'étudier sur la lentille biconvexe; celles de la deuxième section sont analogues à la biconcave.

Nous voyons aussi, par ce qui précède, que les rayons qui émergent d'une lentille biconvexe ont leur foyer d'autant plus rapproché de la lentille, que le point lumineux est plus éloigné.

Lorsqu'on place un objet lumineux quelconque devant une lentille biconvexe au-delà de son foyer principal, le point *a* qui est sur l'axe forme son foyer comme nous venons de le dire; mais un point *b* qui n'est pas sur cette droite forme un foyer *b'* sur l'axe secondaire *bcb'* qui passe par le centre optique *o* (*fig.* 13) et le point *b*. L'ensemble des foyers des différents points du corps forme une image renversée qu'on peut facilement voir en la recevant sur un corps opaque ou translucide.

D'après la proportion que nous avons indiquée ci-dessus, l'on voit que la grandeur de l'image est à celle de l'objet dans le rapport de *oa'* : *oa*.

FIN.

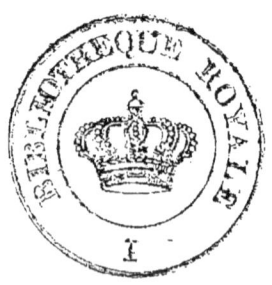

TABLE DES MATIÈRES

CONTENUES DANS CET OUVRAGE.

	Pages.
Avant-propos.	v
Leçon I.ʳᵉ Étude des pierres précieuses; manière de les dégrossir et de les percer avec la poudre de diamant.	1
Leçon II.ᵉ Manière de percer les pierres avec l'esquille ou foret en diamant, de les terminer et de les sertir.	22
Leçon III.ᵉ Manière de faire les plaques ou coquerets qui doivent servir de contre-pivots; les lentilles se font en employant les mêmes moyens.	32
Leçon IV.ᵉ Manière de faire les pierres plates, c'est-à-dire les levés, les décrochements, etc.	33
Leçon V.ᵉ Manière de faire les repos demi-cylindriques.	35
Leçon VI.ᵉ Manière de faire les tuiles pour les échappements à cylindre.	37
Leçon VII.ᵉ Manière de faire le petit cylindre ou repos de l'échappement Duplex. . .	40
Leçon VIII.ᵉ Manière de préparer la poudre de diamant.	42
Leçon IX.ᵉ Manière de monter les burins en diamant et les esquilles pour forets.	47
Leçon X.ᵉ Explication des lentilles employées en optique.	49